GRAPHIC LIBRARY®
en español

CIENCIA GRÁFICA

T0060870

un VIAJE POR LA

ADAPTACIÓN

con MAX AXIOM

SUPERCIENTÍFICO®

Edición revisada

por Agnieszka Biskup
ilustrado por Cynthia Martin
y Barbara Schulz

Consultor:
Ron Browne, PhD
Profesor Adjunto de Educación Primaria
Minnesota State University, Mankato

CAPSTONE PRESS
a capstone imprint

Graphic Library is published by Capstone Press,
1710 Roe Crest Drive, North Mankato, Minnesota 56003
www.mycapstone.com

Library of Congress Cataloging-in-Publication Data is available on the Library of
Congress website.
    ISBN: 978-1-5157-4647-8 (library binding)
    ISBN: 978-1-5157-4641-6 (pbk.)

Art Director and Designer
Bob Lentz and Thomas Emery

Cover Artist
Tod Smith

Colorist
Michael Kelleher

Spanish Book Designer
Eric Manske

Editor
Christopher L. Harbo

Translation Services
Strictly Spanish

Production Specialist
Laura Manthe

Photo illustration credits: Charles Darwin Research Station, 8; Library of Congress, 7

Printed in the United States   5657

TABLA DE CONTENIDOS

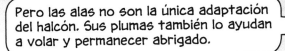

Pero las alas no son la única adaptación del halcón. Sus plumas también lo ayudan a volar y permanecer abrigado.

Su vista excelente, sus garras filosas y su pico curvado ayudan al halcón a atrapar y matar los pequeños animales que come.

Juntas, todas estas adaptaciones ayudan al halcón a sobrevivir en su hábitat.

ARDILLA VOLADORA

ACCESO AUTORIZADO: MAX AXIOM

¡Es un pájaro! ¡Es un avión! ¿Es una ardilla? La ardilla voladora tiene un pliegue de piel que conecta las muñecas de las patas delanteras a los tobillos de las patas traseras. Este pliegue de piel ayuda a la ardilla a planear de rama a rama de árbol. Con un buen salto, las ardillas voladoras pueden planear de 20 a 30 pies por el aire.

El pinzón grande de suelo, por ejemplo, tiene un pico fuerte que funciona como un cascanueces. Está adaptado para romper semillas duras y grandes.

PINZÓN DE SUELO

El pinzón de cactus tiene un pico que funciona como un par de alicates con punta fina. Es de la forma adecuada para cavar dentro de las plantas de cactus.

PINZÓN DE CACTUS

El pinzón cantor tiene el pico parecido a un par de pinzas. Su pico se adaptó para poder atrapar insectos en pequeñas grietas.

PINZÓN CANTOR

En todos los casos, los pinzones tienen picos que los ayudan a sobrevivir en la isla donde viven.

¿Pero qué pasa si un pinzón con un pico que rompe semillas queda atrapado en una isla sin semillas?

¿Sobreviviría?

En realidad, la mayoría de los animales necesitan varias generaciones para adaptarse a sus ambientes. Cambios rápidos en un ambiente dificultan enormemente la sobrevivencia.

Los dinosaurios lo descubrieron por las malas hace 65 millones de años.

El impacto del meteorito lanzó cantidades enormes de polvo y ceniza al aire. Esto bloqueó la luz del sol y las temperaturas bajaron.

KA-BOOM!

¿Por qué se extinguieron los dinosaurios? Nadie sabe con certeza. Pero algunos científicos creen que el clima cambió rápidamente después que un meteorito del tamaño de una montaña cayó a la Tierra.

Con menos luz solar y temperaturas más frías, las plantas comenzaron a morir.

Los dinosaurios que comían esas plantas tenían menos alimentos para comer. Al morir los dinosaurios que comían plantas, los que comían carne también perdieron su fuente de alimentos.

Los dinosaurios no se pudieron adaptar a estos cambios repentinos y murieron.

Claramente, poder adaptarse es realmente algo de vida o muerte.

CIMOLESTOS

Muchos reptiles, mamíferos e insectos se adaptaron al cambio climático de la Tierra hace 65 millones de años. Uno de esos animales fue la cimolesta. Este mamífero parecido a una arpía se alimentaba de insectos y gusanos. Sobrevivió varios millones de años después que los dinosaurios se extinguieron.

A pesar que muchos animales murieron porque no pudieron adaptarse, algunos se adaptan y sobreviven. Mira las mariposas del abedul de Inglaterra.

A comienzos de 1800, las mariposas del abedul europeas venían en dos variedades, claras y oscuras.

Antes de 1850, las mariposas del abedul oscuras eran raras.

Sus cuerpos oscuros en ramas de árboles pálidas las hacían blancos fáciles para aves y otros predadores.

Para fines de 1800, Inglaterra tuvo un gran aumento de fábricas. Estas fábricas lanzaban hollín y humo al aire. En breve, la corteza de los árboles se ensució y oscureció.

Ahora las mariposas del abedul claras eran fáciles de ver.

Ellas fueron las que los predadores hallaban y comían.

Eventualmente, más mariposas del abedul oscuras sobrevivieron para producir crías de color oscuro. La población de mariposas era mayormente de color oscuro.

La mariposa del abedul se adaptó a su medio ambiente cambiante.

Las características del cuerpo, o adaptaciones físicas, de las plantas y animales con frecuencia se relacionan al medio ambiente en el que viven.

Por ejemplo, la joroba de un camello es una adaptación a la vida en el desierto. Cuando los alimentos y el agua son escasos, el camello usa la grasa almacenada en su joroba como energía.

Las pestañas largas y las orejas peludas del camello protegen sus ojos y oídos de la arena que sopla el viento.

ARBUSTO DE LA CREOSOTA

Las plantas también se enfrentan a las condiciones del desierto. Debido a que las plantas pierden agua por sus hojas, el arbusto de la creosota, también conocido como chaparral, se ha adaptado. Sus hojas tienen un revestimiento ceroso para ayudar a retener agua.

CACTUS BARRIL

En muchos casos, las plantas carecen totalmente de hojas. El cactus barril almacena agua en su tallo carnoso.

ZORRO FÉNEC

ACCESS GRANTED: MAX AXIOM

¿Es el pelaje una buena adaptación para el desierto? Para el zorro fénec lo es. El pelaje de este zorro lo mantiene abrigado a la noche cuando el desierto es frío. Durante el día, el pelaje de color claro refleja la luz del sol para mantener fresco al zorro.

Hola, Dr. Díaz. ¿Qué estás estudiando hoy?

¿Pero qué pasa en lugares como los bosques tropicales que son calurosos y muy húmedos? ¿Cómo se adaptan los seres vivos a estas condiciones?

Conozco a un biólogo cerca de aquí que estudia las plantas de los bosques tropicales. Apuesto que ve adaptaciones todos los días.

Hola, Max. Me alegro que me hayas encontrado. Estoy tomando muestras de esta planta filodendro.

¡Vaya! Esta hoja se siente cerosa. En el desierto, algunas plantas tienen hojas cerosas para retener agua.

Es verdad, pero el revestimiento ceroso tiene un propósito diferente en el bosque tropical. Ayuda a las plantas a repeler agua como un impermeable.

En realidad, muchas de las plantas de los bosques tropicales también tienen puntas de goteo para ayudarlas a despojarse de agua. Estas características previenen el crecimiento de bacteria y hongos en las plantas.

PUNTA DE GOTEO

15

BBRRRAOOOOMM!!!

Tal como lo hacen cuando están bajo del agua, la gente necesita equipos adicionales para sobrevivir cuando hace frío afuera. Pero los animales árticos se han adaptado a su clima frío.

Qué hermoso zorro ártico, Dr. Ling. Debe ser realmente un sobreviviente para vivir en este clima frígido.

Tienes razón, Max. Las temperaturas heladas de aquí pueden ser mortales.

Como muchos animales, este zorro tiene un pelaje grueso. Sus orejas pequeñas y cuerpo compacto ayudan a que no pierda mucho calor corporal.

YIP! YIP!

Bueno, Max, es hora de que este animalito regrese a su vida salvaje.

Y el pelo debajo de sus patas previene que se hunda en la nieve, similar a las raquetas de nieve.

Muy bien. Necesito irme también. Gracias por la información, Dr. Ling.

A veces, la mejor manera de sobrevivir es mantenerse fuera de la vista.

El camuflaje es una adaptación de algunos animales para evitar ser comidos por predadores.

La liebre ártica, por ejemplo, tiene un pelaje blanco que se asemeja a la nieve.

Pero cuando llega la primavera, su pelaje se vuelve marrón para asemejarse a la tierra emergente.

El camuflaje hasta ayuda a los venados jóvenes. Su pelaje con manchas blancas los esconde en sombras claras y oscuras del bosque.

Mientras que pasar desapercibido ayuda a muchos animales a evitar predadores, algunos predadores usan también camuflaje.

A un predador que no puede ser visto se le podría facilitar atrapar a su presa.

Los leones cazan en grupos, a menudo atacando a su presa desde varias direcciones. Su pelaje dorado los esconde perfectamente en el pasto de la sabana africana.

El camuflaje ayuda a los animales a pasar desapercibidos, pero algunos animales son maestros del disfraz. Ellos se han adaptado para imitar, o verse como plantas u otros animales.

Apuesto a que un zoólogo puede decirnos más sobre la imitación.

Jack, ¿usan los animales la imitación?

La estás mirando ahora mismo.

¿Puedes ver a los cinco podargos pardos posados en ese árbol?

¡Sorprendente! El color de sus plumas y la manera en que se posan hacen que estas aves se parezcan a las ramas del árbol cubiertas de corteza.

Las adaptaciones no solo son sobre características físicas. La manera en que se comportan los animales también los ayuda a sobrevivir.

Por ejemplo, un puercoespín saca sus espinas cuando se siente amenazado.

YELP!

La serpiente nariz de cerdo se convierte en una gran actriz cuando es amenazada. Primero pretende doblarse por el dolor. Luego se da vuelta, tira hacia atrás su cabeza, abre su boca y saca su lengua.

¿Por qué se comporta así? Se hace la muerta porque los predadores prefieren atrapar a su presa con vida.

Todos los animales confían en conductas individuales para permanecer vivos.

Pero las conductas sociales también pueden ayudar a los animales a sobrevivir.

El caribú vive y se mueve en grandes grupos. Estos grupos ayudan a protegerlos de predadores.

Después de todo, estar en una multitud dificulta que el predador te elija a ti.

Junto con los predadores, los animales también enfrentan condiciones difíciles en sus hábitats.

Los ratones, ardillas, mofetas y osos viven en áreas donde los alimentos son escasos durante inviernos largos. Para sobrevivir ellos hibernan.

Durante la hibernación, los animales entran en lo que aparenta ser un sueño profundo.

SUBJECT: HIBERNATION

Los animales que hibernan reducen sus funciones corporales. Las frecuencias cardíaca y respiratoria disminuyen. No comen por semanas o meses. Viven de la grasa almacenada en sus cuerpos.

ADAPTACION

No todas las flores tienen un aroma dulce. De hecho, las flores de la planta rafflesia se han adaptado a tener un olor justo como carne podrida. Ellas dan este horrendo olor para atraer a las moscas. Luego las moscas llevan el polen de la rafflesia a otras flores.

El pulpo imitador es un maestro de la imitación. Al cambiar su forma y color, puede parecerse a un pez plano, serpientes marinas o pez león. Los científicos creen que el pulpo desarrolló sus destrezas imitadoras porque su hábitat normal no permite muchos lugares para esconderse de predadores.

Algunos gusanos tubulares, cangrejos y almejas viven en el fondo del océano sin luz del sol o vida vegetal. Estos animales se han adaptado para alimentarse con bacterias que crecen en los químicos ricos en sulfuro expulsados por los volcanes submarinos activos.

Mantenerse limpios es una adaptación de la conducta importante. Muchos animales aumentan sus oportunidades de sobrevivir al acicalarse a sí mismos y a otros. Los monos peinan su pelaje entre ellos, retirando tierra e insectos que podrían propagar enfermedades. Las aves se arreglan sus plumas para retirar insectos y para mantener sus plumas en excelente estado para volar.

La Venus atrapamoscas es famosa por su habilidad para atrapar y digerir insectos que aterrizan en sus hojas. Esta planta carnívora se adaptó a comer insectos porque la tierra pobre en la que vive no provee nutrientes suficientes.

El bacalao antártico se adaptó a temperaturas muy frías en el Océano Antártico. Estos peces tienen químicos en sus cuerpos que funcionan de la misma manera que el anticongelante lo hace en un automóvil. Los químicos evitan que el pez se congele en el agua glacial debajo de las capas del hielo antártico.

La rana de bosque de Norteamérica se adaptó a inviernos árticos usando una forma extrema de hibernación. En invierno, la rana entra en un sueño profundo. Los latidos del corazón y la respiración se reducen hasta detenerse. Sorprendentemente, la mayor parte de su cuerpo se congela. En primavera, el cuerpo de la rana se descongela y su corazón recomienza a latir al mismo tiempo que la rana recomienza a respirar.

SUPERCIENTÍFICO

Nombre real: Maxwell J. Axiom
Ciudad natal: Seattle, Washington
Estatura: 6' 1"   **Peso:** 192 lbs
Ojos: Marrón   **Cabello:** No tiene

Supercapacidades: Superinteligencia; capaz de encogerse al tamaño de un átomo; los anteojos le dan visión de rayos X; la bata de laboratorio le permite viajar a través del tiempo y el espacio.

Origen: Desde su nacimiento, Max Axiom parecía destinado a la grandeza. Su madre, una bióloga marina, le enseñó a su hijo sobre los misterios del mar. Su padre, un físico nuclear y guardabosques voluntario, le enseñó a Max sobre las maravillas de la Tierra y el cielo.

Un día durante una caminata en áreas silvestres, un rayo mega-cargado golpeó a Max con furia cegadora. Cuando se despertó, Max descubrió una nueva energía y se dispuso a aprender todo lo posible sobre la ciencia. Viajó por el planeta y obtuvo grados universitarios en cada aspecto del campo científico. Al volver, estaba listo para compartir su conocimiento y nueva identidad con el mundo. Se había transformado en Max Axiom, supercientífico.

Glosario

las bacterias—seres vivos muy pequeños; algunas bacterias causan enfermedades

el camuflaje—color o cobertura que hace que los animales, personas y objetos se parezcan a su entorno

el carnívoro—que come carne; la Venus atrapamoscas es un tipo de planta carnívora

el clima—el tiempo usual en un lugar

el espécimen—una muestra que un científico estudia detalladamente

extinto—que ya no vive en ninguna parte del mundo

la generación—la cantidad promedio de tiempo entre el nacimiento de padres y el nacimiento de sus hijos

el hábitat—el lugar y las condiciones naturales donde vive un animal

hibernar—pasar el invierno en un sueño profundo

imitar—copiar la apariencia, acciones o comportamiento de otra planta o animal

la migración—el movimiento regular de animales mientras buscan alimentos en lugares diferentes

el predador—un animal que caza y come otros animales

la presa—un animal cazado por otros para alimento

reproducir—procrear o tener crías

SITIOS DE INTERNET

FactHound brinda una forma segura y divertida de encontrar sitios de Internet relacionados con este libro. Todos los sitios en FactHound han sido investigados por nuestro personal.

Esto es todo lo que tienes que hacer:

Visita *www.facthound.com*

Ingresa este código: 9781620651841

¡Algo súper divertido! Hay proyectos, juegos y mucho más en www.capstonekids.com

ÍNDICE